Made in the USA
Las Vegas, NV
06 December 2022

61364587R00057